LO MEJOR DEL DEPORTE DE TODOS LOS TIEMPOS

G.O.A.T. EN EL FÚTBOL AMERICANO

JIM BROWN, TOM BRADY Y MÁS

Título original: *Football's G.O.A.T.: Jim Brown, Tom Brady, and More*

La traducción al español fue realizada por Zab Translation.

ediciones Lerner
Una división de Lerner Publishing Group, Inc.
241 First Avenue North
Mineápolis, MN 55401, EE. UU.

Si desea averiguar acerca de niveles de lectura y para obtener más información, favor consultar este título en www.lernerbooks.com.

Fuente del texto del cuerpo principal: Aptifer Sans LT Pro.
Fuente proporcionada por Linotype AG.

Library of Congress Cataloging-in-Publication Data

Names: Levit, Joseph, author.
Title: G.O.A.T. en el fútbol americano : Jim Brown, Tom Brady y más / Joe Levit.
Other titles: Football's G.O.A.T. Spanish
Description: Minneápolis : ediciones Lerner, 2023. | Series: Lo mejor del deporte de todos los tiempos | Includes bibliographical references and index. | Audience: Ages 7–11 | Audience: Grades 4–6 | Summary: "This title tackles one of the biggest questions in football: who are the greatest players of all time? Readers will discover fascinating facts and exciting stats about football's biggest stars. Now in Spanish!"— Provided by publisher.
Identifiers: LCCN 2022016364 (print) | LCCN 2022016365 (ebook) | ISBN 9781728477367 (library binding) | ISBN 9781728478159 (paperback) | ISBN 9781728480213 (ebook)
Subjects: LCSH: Football players—United States—Biography—Juvenile literature. | National Football League—History—Juvenile literature.
Classification: LCC GV939.A1 L46918 2023 (print) | LCC GV939.A1 (ebook) | DDC 796.3320922 [B]—dc23/eng/20220506

LC record available at https://lccn.loc.gov/2022016364
LC ebook record available at https://lccn.loc.gov/2022016365

Fabricado en los Estados Unidos de América
1-52372-50729-4/27/2022

CONTENIDO

En 1967, los Green Bay Packers vencieron a los Kansas City Chiefs en el primer Super Bowl, por 35–10.

¡COMENCEMOS!

A los aficionados a la Liga Nacional de Fútbol Americano (NFL) les encanta hablar de los mejores jugadores de todos los tiempos (G.O.A.T., por sus siglas en inglés). Pero, ¿intentaste alguna vez hacer una lista de los mejores jugadores de la historia de la NFL? Es una tarea difícil. ¿Cómo pueden los aficionados comparar jugadores de distintas épocas? El juego ha cambiado mucho a lo largo de los años.

DATOS DE INTERÉS

El promedio de carrera de **JIM BROWN** de 104.3 yardas por partido es el mejor de la historia de la Liga Nacional de Fútbol Americano (National Football League, NFL). Mantuvo el récord durante más de 50 años.

LAWRENCE TAYLOR es uno de los dos jugadores defensivos que ganaron el premio al Jugador Más Valioso (Most Valuable Player, MVP) de la liga.

BARRY SANDERS corrió más de 1,500 yardas en cuatro temporadas consecutivas.

TOM BRADY lideró a los New England Patriots en las dos mejores recuperaciones de la historia del Super Bowl.

La NFL no permitió que los afroamericanos jugaran en la liga entre 1933 y 1946. Eso significa que algunos de los mejores jugadores fueron vetados por el color de su piel. En 1967, 16 equipos compitieron para jugar en el primer Super Bowl. En 2002, la liga había crecido hasta los 32 equipos. La duración de la temporada también aumentó. Pasó de 14 partidos en 1967 a 16 en 1978. Más equipos y partidos significaban que más jugadores tenían la oportunidad de acumular estadísticas increíbles.

En el fútbol americano, el mariscal de campo suele ser la estrella del equipo. Los mariscales de campo comienzan la mayoría de las jugadas con el balón en sus manos. Eso les da mucho control sobre cada jugada. Los jugadores de otras posiciones destacan de diferentes maneras. Avanzan con tacles o persiguen a los portadores del balón. Los mejores de todos los tiempos juegan a un alto nivel durante muchos años.

La carrera media en la NFL dura unos pocos años, pero grandes jugadores, como Tom Brady, a veces juegan mucho más tiempo.

A los receptores abiertos se los puede juzgar por muchos factores, como las capturas de touchdown, las yardas ganadas o las victorias en el Super Bowl.

Puede que no conozcas todos los nombres de este libro. Quizás no estés de acuerdo con el orden de los jugadores. O tal vez sientas que alguien importante quedó afuera. Jugadores increíbles como Walter Payton, Johnny Unitas y Dick Butkus no fueron incluidos. Tus amigos también tendrán sus propias opiniones. Está bien no estar de acuerdo. En este libro se trata de reflexionar sobre los grandes jugadores de la NFL y de que formes tu propia opinión sobre ellos.

N.° 10

OTTO GRAHAM

Las estadísticas y los premios son dos formas de medir la grandeza. Pero no cuentan toda la historia. Ganar es lo que más importa en la máxima categoría del fútbol americano. El mariscal de campo Otto Graham jugó para los Cleveland Browns de 1946 a 1955. Durante ese tiempo, Graham convirtió a Cleveland en un ganador.

Los Browns jugaron en la All-America Football Conference de 1946 a 1949. Graham llevó a los Browns a un campeonato al final de cada una de esas temporadas. En 1948, Cleveland tuvo un récord perfecto de 15–0.

Los Browns se unieron a la NFL en 1950. Muchos aficionados pensaban que la NFL era una liga más dura. Pero los Browns ganaron el campeonato de la NFL en su primer año. Graham hizo 298 yardas de pase y cuatro touchdowns en el partido por el título. También corrió 99 yardas. Llevó a Cleveland de vuelta al partido del campeonato en cada uno de los cinco años siguientes. Los Browns ganaron dos de esos partidos.

ESTADÍSTICAS DE OTTO GRAHAM

- Su porcentaje de victorias en su carrera, de 0.788, es el mejor para un mariscal de campo.
- Tiene el récord de la carrera de la NFL con nueve yardas ganadas por intento de pase.
- Jugó en el partido del campeonato de su liga todas las temporadas de su carrera de 10 años.
- Fue siete veces parte del primer equipo All-Pro.
- Fue miembro del equipo All-Time del 75.º aniversario de la NFL.

N.º
9

JOE MONTANA

Pocos mariscales de campo han tenido tanto éxito en el mayor escenario del juego como Joe Montana. Sus compañeros de equipo lo llamaban Joe Cool (Joe buena onda). Eso es porque se desempeñaba mejor en los momentos más importantes.

Montana llevó a los San Francisco 49ers a las eliminatorias tras la temporada de 1981. Se enfrentaron a los Dallas Cowboys,

y el ganador iría al Super Bowl. Iban perdiendo en el último cuarto y condujo a su equipo por el campo mientras el tiempo se agotaba. Selló la victoria con un lanzamiento de seis yardas al fondo de la zona de anotación. El receptor Dwight Clark saltó e hizo una atrapada que los aficionados llaman el Catch. La famosa jugada envió a los 49ers al Super Bowl por primera vez.

En 1989, los 49ers y Montana estaban en el Super Bowl por tercera vez. Perdían ante los Cincinnati Bengals en el último cuarto por 16–13. Montana lideró a su equipo en un drive de touchdown de 92 yardas cuando quedaban poco más de tres minutos. Su heroicidad ayudó a los 49ers a ganar 20–16.

ESTADÍSTICAS DE JOE MONTANA

- Fue tres veces parte del primer equipo All-Pro.
- Ganó el premio al MVP de la NFL en 1989 y 1990.
- Ganó cuatro Super Bowls y tres premios al MVP del Super Bowl.
- Lanzó 122 pases en el Super Bowl sin una intercepción.
- Es uno de los dos jugadores en la historia de la NFL que ha lanzado dos pases de touchdown de al menos 95 yardas.

ANTHONY MUÑOZ

Anthony Muñoz fue el mejor jugador de la línea ofensiva de los Bengals durante años. Tenía una rapidez y una fuerza increíbles. Se mantenía en gran forma. Muñoz corría mucho todos los días. Correr tanto es raro para los linieros ofensivos. Normalmente se centran en levantar pesas. Correr ayudó a Muñoz a mantenerse en el campo y a no perderse casi ningún partido.

Muñoz era muy bueno manteniendo a los defensores alejados de su mariscal de campo. Los defensores a veces se abalanzaban sobre él. Pero él era lo suficientemente grande y fuerte como para mantenerse en la línea de confrontación. Otras veces, los defensores trataban de correr a su alrededor. Pero Muñoz se limitaba a empujar al defensor para que pasara por encima del mariscal de campo. Muñoz era tan bueno en su trabajo que sus compañeros y entrenadores lo llamaban el Borrador (the Eraser). Borraba a los defensores de la jugada. Muñoz ayudó a los Cincinnati a llegar a dos Super Bowls. Perdieron ambos partidos contra los 49ers.

ESTADÍSTICAS DE ANTHONY MUÑOZ

- Fue miembro del equipo All-Time del 75.º aniversario de la NFL.
- Fue el primer jugador de los Cincinnati Bengals elegido para el Salón de la Fama del Fútbol Americano Profesional.
- Anotó cuatro touchdowns en su carrera, una hazaña poco común para un liniero ofensivo.
- Fue elegido el mejor liniero ofensivo de la NFL en 1981, 1987 y 1988.
- Fue nueve veces parte del primer equipo All-Pro.

N.º 7

DON HUTSON

Don Hutson jugó en los Green Bay Packers de 1935 a 1945. Inventó rutas como receptor abierto que los jugadores siguen utilizando en la NFL. Las reglas modernas impiden que los defensores bloqueen a los receptores cinco yardas más allá de la línea de confrontación. Pero cuando Hutson jugaba, los defensores podían empujar y agarrar a los receptores en cualquier parte del campo. Eso hace que sus estadísticas sean aún más impresionantes. Hutson también era el pateador del equipo. Además, jugó en la defensa.

Tuvo una temporada increíble en 1940. Lideró la NFL en capturas con siete touchdowns y seis intercepciones. Tal vez, fue aún mejor dos años más tarde. Hutson atrapó 74 pases en 1,211 yardas. Nadie más en la liga atrapó más de 27 pases ese año ni tuvo la mitad de yardas. También anotó 17 touchdowns en solo 11 partidos.

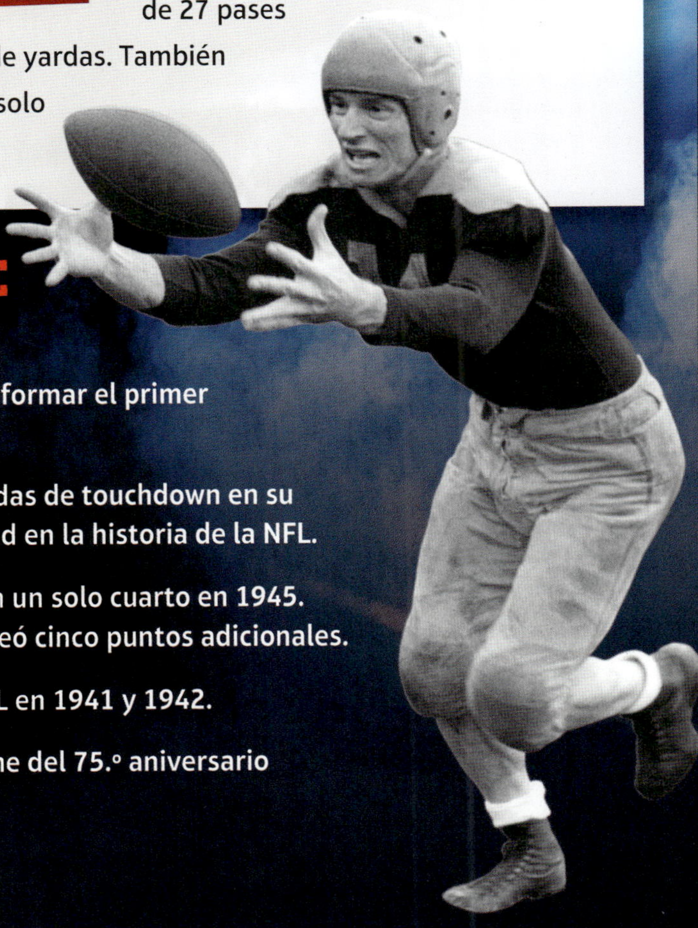

ESTADÍSTICAS DE DON HUTSON

- Fue votado ocho veces para conformar el primer equipo All-Pro.
- Durante 44 años, sus 99 atrapadas de touchdown en su carrera fueron la mayor cantidad en la historia de la NFL.
- Anotó el récord de 29 puntos en un solo cuarto en 1945. Anotó cuatro touchdowns y pateó cinco puntos adicionales.
- Ganó el premio al MVP de la NFL en 1941 y 1942.
- Fue miembro del equipo All-Time del 75.º aniversario de la NFL.

N.º 6

BARRY SANDERS

Barry Sanders era un corredor único. Podía cambiar rápidamente de dirección o girar para superar a los defensores. Eso lo ayudaba a lograr carreras largas. Nunca llevó a su equipo a un Super Bowl. Pero ayudó a los Detroit Lions a llegar a las eliminatorias en 1991. Su carrera de touchdown de 47 yardas coronó la victoria de Detroit 38–6 sobre los Dallas Cowboys. Esa victoria fue el único triunfo de Detroit en los eliminatorias en los últimos 60 años.

Sanders estableció un récord en la NFL en 1997 de 14 partidos consecutivos con más de 100 yardas de carrera. Corrió exactamente 2,000 yardas en esos partidos. Fue el segundo jugador de la historia en conseguir 2,000 yardas en 14 partidos.

Sanders decidió retirarse después de 10 temporadas en la liga. Terminó su carrera con 15,269 yardas de carrera. Sanders promedió 1,526 yardas por año. A ese ritmo, habría superado el récord de carrera de todos los tiempos de Walter Payton si Sanders hubiera jugado solo una temporada más.

ESTADÍSTICAS DE BARRY SANDERS

- Fue seis veces parte del primer equipo All-Pro.
- Su media de carrera de 99.8 yardas de carrera por partido es la segunda mejor de la historia de la NFL.
- Ganó dos veces el premio al mejor jugador ofensivo del año.
- Rompió un récord de la NFL con al menos 1,500 yardas de carrera en cuatro temporadas consecutivas.
- Fue el primer corredor con al menos 1,500 yardas de carrera en cinco temporadas.

N.º 5

JIM BROWN

Los aficionados al deporte consideran a Jim Brown uno de los mejores atletas de la historia de Estados Unidos. Es miembro del Salón de la Fama del Fútbol Americano Profesional y del Salón de la Fama del Fútbol Americano Universitario. También está en el Salón de la Fama Estadounidense de Lacrosse. Fue un ávido jugador de lacrosse en la universidad. Brown ayudó a los Cleveland Browns a ganar el campeonato de la NFL en 1964. Y estableció el récord de la NFL de yardas de carrera. Ese récord se mantuvo durante 19 años.

Brown era un corredor grande y fuerte. Podía derribar a los defensores cuando quería. También podía superarlos corriendo. Su asombroso equilibrio y rapidez lo ayudaban a abrirse paso en carreras largas. El promedio de la carrera de Brown fue de 104.3 yardas de carrera por partido. Es el mejor promedio de la historia. También era fuerte. No se perdió ni un solo partido en su carrera. Tras retirarse a los 29 años, Brown comenzó a actuar. También trabajó para promover los derechos civiles en Estados Unidos.

ESTADÍSTICAS DE JIM BROWN

- Fue ocho veces parte del primer equipo All-Pro.
- Lideró la liga en carreras en ocho de sus nueve temporadas en la NFL, incluidas cinco temporadas seguidas.
- Ganó el premio MVP de la NFL en tres ocasiones.
- Ganó los premios Novato del Año y MVP en la misma temporada.
- Fue miembro del equipo All-Time del 75.º aniversario de la NFL.

N.º 4

LAWRENCE TAYLOR

Lawrence Taylor se incorporó a los New York Giants en 1981. Desde el principio, fue una fuerza sorprendente en el campo de fútbol. Jugó de apoyador como ningún otro jugador. Taylor se negaba a esperar a que los corredores corrieran hacia él. Atravesaba las líneas ofensivas para cazar a los corredores detrás de la línea de confrontación. Y derribó a los mariscales de campo sin piedad.

Taylor tenía unas habilidades inigualables en el campo. Era extremadamente rápido para su tamaño. También era uno de los jugadores más fuertes de la liga. Podía correr alrededor de la línea ofensiva en una jugada. Luego, en la siguiente jugada, podía empujar a un liniero hacia el mariscal de campo para derribarlo. Su estilo agresivo también era un punto fuerte. Taylor a menudo jugaba como si quisiera ganar más que el otro equipo. Ayudó a los Giants a ganar el Super Bowl en 1987 y 1991.

ESTADÍSTICAS DE LAWRENCE TAYLOR

- Taylor fue ocho veces parte del primer equipo All-Pro.
- Fue tres veces ganador del premio al Mejor Jugador Defensivo del Año.
- Registró 20.5 derribadas a mariscales de campo en 1986, lo que lo convirtió en uno de los ocho jugadores que consiguieron más de 20 derribadas a mariscales en una temporada.
- Fue miembro del equipo All-Time del 75.º aniversario de la NFL.
- Ganó el premio MVP de la NFL en 1986. Solo dos jugadores defensivos han ganado el premio.

N.º 3

REGGIE WHITE

Reggie White era un atleta natural. A diferencia de la mayoría de los defensores, al principio de su carrera apenas levantaba pesas. Pero seguía siendo extremadamente fuerte. White se unió a los Philadelphia Eagles en 1985. Los equipos contrarios solían utilizar dos jugadores de línea ofensivos para intentar frenarlo Normalmente no servía de nada. White derribó mariscales al menos ocho veces en cada temporada que jugó. En dos ocasiones lideró la NFL en derribadas de mariscales.

White pasó a formar parte de los Green Bay Packers en 1993. Mejoró mucho la defensa del equipo. En 1997, White ayudó a los Packers a llegar al Super Bowl. Dominó a los New England Patriots en el partido. White estableció un récord en el Super Bowl con derribadas de mariscales. Su increíble juego ayudó a asegurar la victoria de los Packers por 35–21. White terminó su carrera como el líder de derribadas de mariscales de todos los tiempos de los Eagles, los Packers y la NFL.

ESTADÍSTICAS DE REGGIE WHITE

- Fue ocho veces parte del primer equipo All-Pro.
- Ganó el premio al mejor jugador defensivo del año en 1987 y 1998.
- Fue miembro del equipo All-Time del 75.º aniversario de la NFL.
- En 1987, registró 21 derribadas de mariscales en solo 12 partidos.
- Con los Eagles, White registró 124 derribadas de mariscales en 121 partidos.

N.° 2

JERRY RICE

El receptor abierto Jerry Rice jugó con los mariscales de campo del Salón de la Fama, Joe Montana y Steve Young. Pero el duro trabajo de Rice lo hizo triunfar en la NFL. Se esforzaba todo el tiempo. Rice corría por las colinas fuera de la temporada para mantenerse en forma. Durante la temporada, nadie se preparaba para los partidos más que él. Su duro trabajo lo llevó a ganar tres Super Bowl.

Rice fue una superestrella durante 20 temporadas de la NFL. En 1987, atrapó 22 pases de touchdown para establecer un nuevo récord de la NFL. El récord se mantuvo durante 20 años. Anotó 15 o más touchdowns en cinco temporadas diferentes. Jugó tan bien durante tanto tiempo que algunos de sus récords nunca serán superados. Registró 22,895 yardas de recepción en su carrera. Eso es casi 7,000 yardas por delante del siguiente jugador más cercano. Sus 208 touchdowns en su carrera son 33 más de los que ha anotado cualquier otra persona.

ESTADÍSTICAS DE JERRY RICE

- Fue 10 veces Primer Equipo All-Pro.
- Ganó el premio al mejor jugador ofensivo del año en 1987 y 1993.
- Participó en 29 partidos de eliminatorias, la tercera mayor cantidad de todos los tiempos.
- Consiguió 215 yardas de recepción en el Super Bowl de 1989, un récord para el partido del campeonato.
- Fue miembro del equipo All-Time del 75.º aniversario de la NFL.

N.° 1

TOM BRADY

Tom Brady se encuentra entre los líderes de todos los tiempos en casi todas las categorías de estadísticas importantes para los mariscales de campo. Se despeñó como MVP durante casi 20 años. Pero las estadísticas más importantes de Brady reflejan el éxito de su equipo. Ganó más del triple de partidos de la NFL de los que perdió. Brady llevó a los New England Patriots al Super Bowl ocho veces. Eso es tres veces más que cualquier otro mariscal de campo.

Brady lideró dos de las mayores remontadas en la historia del Super Bowl. Iba 10 puntos abajo contra los Seattle Seahawks en 2015. Seattle tenía una de las mejores defensas de la historia. Pero Brady guió a su equipo a una victoria por 28–24. Brady se superó a sí mismo dos años después contra los Atlanta Falcons. Superó una ventaja de 25 puntos de los Falcons para ganar en tiempo extra. Ningún otro equipo ha remontado más de 10 puntos de desventaja para ganar un Super Bowl.

ESTADÍSTICAS DE TOM BRADY

- Fue tres veces parte del primer equipo All-Pro.
- Ganó cinco Super Bowls.
- Sus 196 victorias en la temporada regular y 27 en las eliminatorias son la mayor cantidad en la historia de la NFL.
- Acumuló 505 yardas en pases en el Super Bowl 2018, la mayor cantidad de la historia en el juego por el título.
- Acumuló 28 touchdowns y dos intercepciones por pase en 2016. Ningún mariscal en la historia de la NFL había lanzado tantos touchdowns con tan pocas intercepciones.

TU G.O.A.T.

ES TU TURNO DE HACER UNA LISTA DE LOS G.O.A.T. DE LA NFL. Empieza por investigar un poco. Piensa en las clasificaciones de este libro. A continuación, consulta la sección de información adicional de la página 31. Encontrarás libros y sitios web que pueden darte más información sobre los jugadores de fútbol del pasado y del presente. Intenta buscar más información en Internet. O puedes consultar a un bibliotecario, que puede tener otros recursos. Incluso puedes intentar ponerte en contacto con jugadores y equipos de la NFL para ver qué opinan.

Una vez que estés listo, haz tu lista de los mejores jugadores de todos los tiempos. A continuación, pide a tus amigos que hagan sus propias listas y compárenlas. ¿Tienes jugadores que nadie incluyó en la lista? ¿Te falta alguno que tus amigos consideren importante? Hablen. ¡Intenta convencerlos de que tu lista es la **G.O.A.T.**!

DATOS SOBRE EL FÚTBOL AMERICANO

- Los New Orleans Saints tardaron 34 años en conseguir su primera victoria en las eliminatorias.
- Solo un equipo de la NFL marcó tres touchdowns en menos de un minuto. Los New England Patriots anotaron tres veces en 51 segundos contra los New York Jets en 2012. En 2014, New England anotó tres veces contra los Chicago Bears en 57 segundos.
- El mariscal de campo Brett Favre estableció un récord de la NFL con 297 partidos seguidos.
- Algunos balones de fútbol americano solían estar hechos de vejigas de cerdo. Por se llama a los *pigskins* (pieles de cerdo). Los balones modernos se fabrican con piel de vaca o caucho. La piel de una vaca alcanza para unos 10 balones de fútbol.
- Un partido celebrado en 1967 en Green Bay, Wisconsin, fue tan frío que los aficionados lo llamaron el Ice Bowl (Tazón del hielo). Pero el partido más frío de la historia de la liga puede haber sido la Freezer Bowl (Super Bowl congelado) de Cincinnati, Ohio, en 1982. Con el viento azotando con fuerza, la temperatura en el campo parecía de -59 °F (-51 °C).

GLOSARIO

apoyador: defensor que suele jugar detrás de la línea de confrontación

derechos civiles: derechos concedidos a los ciudadanos por el gobierno, como el derecho al voto y a la propiedad

derribar al mariscal: capturar al mariscal de campo por detrás de la línea de confrontación

Equipo All-Time del 75.º aniversario de la NFL: una lista de los mejores jugadores de la historia de la NFL elegidos por los miembros de los medios de comunicación y los directivos de la liga en 1994

intercepción: una jugada en la que un defensor atrapa un pase de avance

línea de confrontación: línea imaginaria que marca la posición del balón al inicio de cada jugada

línea ofensiva: los cinco jugadores del lado ofensivo de la línea de confrontación que bloquean a los defensores

porcentaje de victorias: partidos ganados divididos por el número total de partidos jugados

primer equipo All-Pro: uno de los mejores jugadores de la NFL según los votos de los miembros de la prensa deportiva

ruta: camino que recorre un receptor durante una jugada para intentar abrirse y hacer una captura

MÁS INFORMACIÓN

Braun, Eric. *Tom Brady*. Mineápolis: Lerner Publications, 2017.

Jacobs, Greg. *The Everything Kids' Football Book: All-Time Greats, Legendary Teams, and Today's Favorite Players—with Tips on Playing like a Pro*. Avon, MA: Adams Media, 2016.

NFL FLAG Football
https://nflflag.com

NFL—Play 60
http://www.nfl.com/play60

Savage, Jeff. *Football Super Stats*. Mineápolis: Lerner Publications, 2018.

Sports Illustrated Kids—Football
https://www.sikids.com/football

ÍNDICE

CRÉDITOS POR LAS FOTOGRAFÍAS

Créditos de las imágenes: Focus on Sport/Getty Images, pp. 4, 10, 11 (abajo), 16, 17 (abajo), 18, 19, 22, 23 (abajo), 25 (abajo); Jim Davis/The Boston Globe/Getty Images, pp. 6, 23 (arriba); Dustin Bradford/Getty Images, p. 7; AP Photo/NFL Photos, p. 8; Bettmann/Getty Images, p. 9; AP Photo/Mark Duncan, p. 11 (arriba); AP Photo/Paul Spinelli, p. 12; AP Photo/David Durochik, p. 13; AP Photo/John Lindsay, p. 14; AP Photo/Pro Football Hall of Fame, p. 15 (arriba); Bruce Bennett Studios/Getty Images, p. 15 (abajo); Allen Kee/Getty Images, p. 17 (arriba); John F. Grieshop/Getty Images, p. 20; Nate Fine/Getty Images, p. 21 (arriba); Allen Dean Steele/Getty Images, p. 21 (abajo); Joseph Patronite/Getty Images, p. 24; AP Photo/Lennox McLendon, p. 25 (arriba); Doug Murray/Icon Sportswire/Getty Images, p. 26; Rob Carr/Getty Images, p. 27 (arriba); Barry Chin/The Boston Globe/Getty Images, p. 27 (abajo); Mtsaride/Shutterstock.com, p. 28. Elementos de diseño: EFKS/Shutterstock.com; Iscatel/Shutterstock.com; conrado/Shutterstock.com; DinoZ/Shutterstock.com.

Portada: Patrick Smith/Getty Images (Tom Brady); Focus on Sport/Getty Images (Jim Brown); EFKS/Shutterstock.com (fondo de estadio); Iscatel/Shutterstock.com (elemento de diseño).